Uno alla volta

Comunità e partecipazione

Valerio Rocco Orlando

sartoria editoriale

Uno alla volta
di Valerio Rocco Orlando

© 2020 Postmedia Books, Milano

Copertina di Valerio Rocco Orlando

www.postmediabooks.it
isbn 9788874902774

Alla luce del fallimento del multiculturalismo e dei paradigmi che fino a ieri sostanziavano la produzione culturale dell'Occidente, in una società sempre più individualista e globalizzata, dominata dai Big Data e lacerata dagli estremismi, con un divario crescente tra ricchi e poveri, tra centro e periferia, tra nord e sud, è possibile riattivare il senso della comunità, il desiderio alla partecipazione e una relazione più autentica con le istituzioni?

Fin dall'inizio della mia esperienza come artista e come educatore, per indole e attitudine, ho attivato un dialogo personale con i miei interlocutori, a partire dalla pratica dell'ascolto attivo, dell'auto–osservazione, dell'immedesimazione, dell'identificazione delle urgenze e della gestione dei processi di mediazione. In Italia, negli Stati Uniti, a Cuba, in India, in Spagna, in Corea del Sud e in Palestina, in ogni territorio in cui mi sono ritrovato a vivere e lavorare, ho creato piccole comunità di pratica attraverso sodalizi generati dalla fiducia e da uno spirito di reciprocità.

Che si tratti di una scuola, di un museo o della cosa pubblica, penso sia necessario instaurare un rapporto più umano con le istituzioni, considerando la controparte non alla stregua di un'entità astratta, ma come un individuo, piuttosto, con cui innescare uno scambio tra pari.

Questa necessità emerge oggi con particolare forza ed evidenza nell'attività di didattica a distanza, davanti a videocamere e microfoni spenti che rendono difficile il dialogo con il gruppo classe. Da quando insegno Drammaturgia multimediale all'Accademia di Belle Arti di Brera ho allora deciso di misurarmi con un solo studente alla volta, a costo di investire un gran numero di ore ed energie durante l'intero anno accademico. Sfruttando le potenzialità delle nuove tecnologie per agevolare un confronto personalizzato, l'esame stesso non è stato concepito come un test alla fine del corso, ma come un percorso a tappe scandito dal tempo.

Allo stesso modo con *Osmosis*, a partire da una serie di incontri mirati con i responsabili dei dipartimenti educativi della rete AMACI–Associazione Musei d'Arte Contemporanea Italiani, sono riuscito ad attivare una conversazione a più voci sul tema della relazione tra arte contemporanea e pubblico. A sua volta ogni educatore, su scala nazionale, è stato poi incaricato di offrire un'occasione formativa individuale a tutti i fruitori dell'opera.

Ora credo sia urgente, oltre al sistema dell'arte e alla sfera dell'educazione, condividere questa metodologia con altre frange della società, allo scopo di rinnovare e umanizzare le istituzioni attraverso un dialogo uno a uno. Solo così sarà possibile relazionarsi, in modo inclusivo e davvero partecipativo, con comunità complesse.

Ho scelto dieci parole per delineare sentieri che anche altri possano adottare e fare propri, camminando per un po' assieme, in salita e in discesa, fino a quando i respiri si allineeranno.

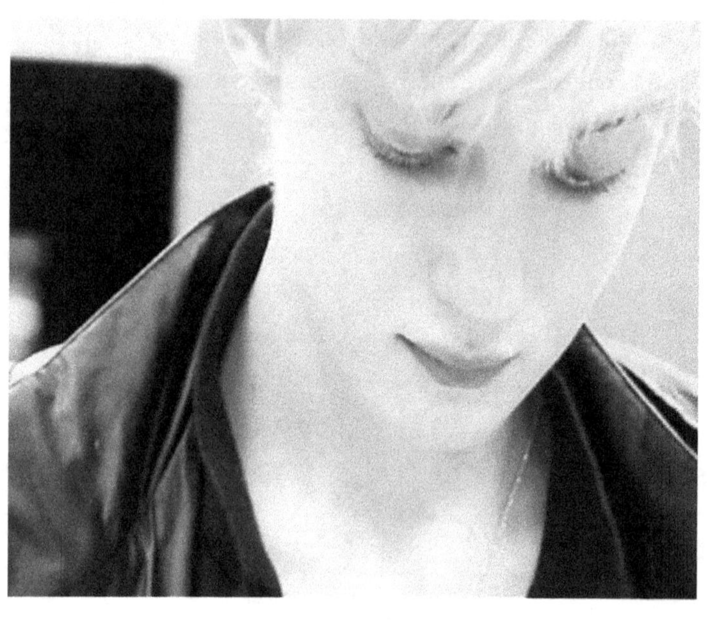

Empatia

Sono sempre stato affascinato dalla mobilità della nostra identità e dalla sua capacità di definirsi, quotidianamente, all'interno delle relazioni con gli altri. Secondo Rudolf Kassner, filosofo austriaco che negli anni Venti mise in discussione la fisiognomica classica, "ogni carattere, volto, essere è metamorfosi". Per lui, "l'arte del fisionomo consiste nell'interpretare il volto delle cose in movimento. L'espressione risiede nei passaggi, negli interstizi, nel differenziale. Vedere le cose in movimento significa vedere–fra, vedere–dentro, penetrare con lo sguardo nelle fessure, nelle giunture e nelle suture delle cose, seppellirsi in esse e risucchiarle, significa amare le cose, inabissarsi in esse per poi riemergere."

La nostra stessa identità è metamorfosi, in quanto polarità e in–differenza di tratti fissi e tratti mobili, fisionomia e mimica, statica e dinamica. Dal momento che l'uomo non può essere come appare, semplicemente perché non si limita a essere, ma continuamente diventa, cambia, si trasforma, il suo volto non è più spazio, ma tempo. Il volto è storia, o meglio, racconta le sue storie. Non dice il carattere, ma le sue trasformazioni, che sono appunto le sue storie. Nelle mie installazioni emergono proprio queste variazioni, in una reciprocità di sguardi in cui si genera il senso del volto, all'interno di una relazione di perfetta co-risonanza tra ciò che oggettivamente appare e lo sguardo soggettivo.

Il mezzo cinematografico è il più coerente ed efficace nel rendere queste trasformazioni, corrispondenze e stratificazioni che è mio interesse scandagliare. Attraverso le immagini in movimento cerco di rendere visibile il legame emotivo tra l'artista e il suo soggetto: una relazione empatica che, data la sua autenticità, mira a coinvolgere anche lo spettatore.

The Sentimental Glance è una videoinstallazione a sette canali concepita come un autoritratto, un *Bildungsroman* stratificato attraverso i volti e le esperienze di alcune giovani donne incontrate tra il 2002 e il 2007, negli anni della formazione. Con ognuna di loro ho trascorso del tempo, condividendo esperienze ed emozioni, per riflettere assieme su infanzia, adolescenza, solitudine, sessualità e maternità. Abbiamo instaurato un rapporto biunivoco basato sullo scambio che è sfociato nella simpatia, quel sentimento che originariamente sta per condivisione. Tra soggetto che guarda e oggetto rimirato, complice la vicinanza emotiva, si instaura una relazione di reciproca interscambiabilità. L'oggetto e il soggetto, pur nella loro diversità, parlano l'uno dell'altra. Così, la descrizione dei soggetti non avviene a partire dalla raffigurazione dei tratti fisici, ma attraverso il riflesso di sentimenti interiori condivisi, riscontrati nella collettività. Per questo il ritratto individuale diventa un affresco collettivo, la rappresentazione di un'esperienza, dell'incontro dell'io e del tu. Il mio obiettivo è quello di coinvolgere il pubblico in una narrazione, in parte autobiografica, ma che di fatto racconta la vita degli altri.

Il dialogo è un mezzo per guardarsi negli occhi, ascoltarsi ed entrare in profondità, in contatto con l'altro. Martin Buber parla della sfera di interrelazione, dello spazio che si crea tra due persone nell'atto dell'incontro. Egli sostiene che quando due uomini si ritrovano faccia a faccia accade qualcosa di unico, che contribuisce a rimodellare l'identità dell'individuo. Tramite il confronto profondo con l'altro rimettiamo continuamente in discussione noi stessi. Per questo come artista affermo che il mio *medium* è l'incontro. Senza di esso, sono come un pittore senza musa, tela e colori.

Ho sempre concepito il volto in rapporto con le coordinate spazio–temporali. Nel momento in cui mi confronto con l'altro, il viso diventa un rizoma capace di registrare uno spettro di emozioni: in questo senso si fa paesaggio. Desidero che i miei video e film vengano mostrati su grandi schermi o attraverso proiezioni su larga scala non per una semplice ragione formale, ma perché il volto, attraverso il *close–up*, l'inquadratura ravvicinatissima sullo sguardo, diviene un territorio all'interno del quale lo spettatore può perdersi. Tali requisiti favoriscono una sorta di immersione emozionale, dal carattere catartico. Fin da piccolo, al cinema, nel buio della sala, sprofondavo nei primissimi piani del grande schermo. Non mi affascinava tanto la popolarità del personaggio, quanto i dettagli del viso e l'espressione mimica. Per questo nei miei lavori non riprendo mai il paesaggio naturale. Piuttosto, inquadro lo scenario emotivo dell'incontro tra me e i miei interlocutori.

Del cinema e del teatro mi hanno costantemente affascinato le possibilità espressive del volto umano. Il viso fornisce un'opportunità di dialogo e di confronto. La sua radice etimologica indica sia la visione che la vista e pertanto la piena interscambiabilità tra soggetto veggente e oggetto visto. Tutti i miei lavori sono come degli autoritratti, anche se non compaio mai in scena e non si sente mai la mia voce. Tuttavia, la presenza è tangibile. L'impianto registico di queste opere, non solo dei video, ma anche dei libri, delle fotografie e delle installazioni, sta nell'empatia che si crea tra me e ogni partecipante. L'arte costituisce un percorso di conoscenza condivisa, un processo di formazione continua. In questo senso, l'empatia è uno straordinario veicolo di apprendimento. La prossimità stimola la reciproca educazione. L'apprendistato di sé stessi avviene per differenze che si affinano con il confronto.

Per queste stesse motivazioni lo spettatore ricopre un ruolo fondamentale. Il mio obiettivo è che gli interrogativi condivisi coinvolgano e stimolino il fruitore, di modo che quest'ultimo possa entrare a far parte di quella piattaforma di riflessione, dialogo e confronto che è alla base della mia opera.

Quando Heidegger parla della poesia di Friedrich Hölderlin utilizza una metafora a cui sono molto affezionato, quella delle "lente passerelle". Si tratta di ponti che non sembrano tali, poiché fanno parte dei luoghi tra cui stabiliscono il passaggio. L'esplorazione umana che compio attraverso il mio lavoro avviene percorrendo a fianco dell'altro queste "lente passerelle". Esse connettono diversi elementi del paesaggio, favoriscono l'incontro, il dialogo e l'apertura. Tali processi richiedono tempo e presenza costante, ma soprattutto fiducia reciproca, osservazione e ascolto. Si tratta, per l'appunto, di un viaggio lento, graduale, in cui l'empatia è il carburante naturale.

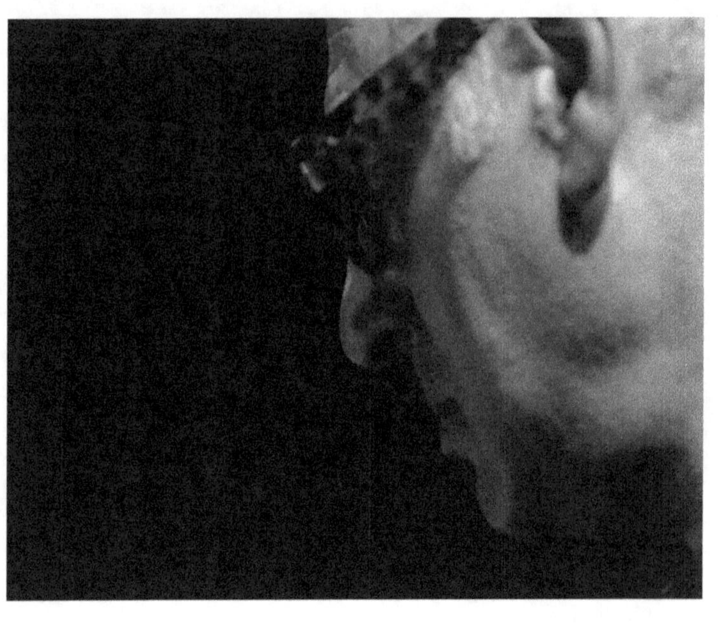

Memoria

Il passo successivo in questa ricerca è stato quello di incrociare il tema del ritratto con quello del tempo: il tempo del ricordo e il tempo dell'interpretazione, il tempo della coscienza e il tempo dell'esperienza. Attraverso la collaborazione con il compositore inglese Michael Nyman ho immaginato, per mezzo della composizione artistica, un caleidoscopio di risonanze e interferenze tra memoria collettiva e individuale.

Niendorf (The Damaged Piano) è una videoinstallazione a due canali realizzata nel 2008 attorno a un pianoforte degli anni Venti, danneggiato e scordato, sopravvissuto alla guerra e ancora capace di vibrare suoni acidi e allo stesso tempo ancestrali. Quando Nyman l'ha scoperto per la prima volta nell'officina di un restauratore a Berlino ne è rimasto folgorato.

Il racconto di questa storia e in particolar modo la relazione tra l'artista e il suo strumento mi hanno ispirato una forma installativa peculiare, in cui i rimandi cinematografici della pellicola 35mm si sovrappongono all'estetica digitale. L'esperienza di un pianoforte suonato per caso, attraverso il suono di mille altri strumenti e l'eco di mille suoni ormai trascorsi, ha sconfinato nella produzione di una partitura inedita, oltre la musica stessa. Una visione che non si basa su accadimenti ma su una drammaturgia emotiva che tesse insieme episodi biografici di umanità diverse, intrecciati per creare un'opera non narrativa, ma poetica, viscerale, trasformativa.

Una volta giunto nella capitale tedesca, nel *basement* del laboratorio di Mitte ho allestito un set costituito da un gran numero di neon colorati, allo scopo di animare un incontro ravvicinato con lo strumento. Il filtro cromatico e il movimento esplorativo della camera hanno aperto uno spazio onirico, dilatato, fortemente emozionale. La cinepresa ha ripreso poi l'intensa improvvisazione del compositore. Primo piano strettissimo sul maestro, artefice della scoperta. L'emozione è la stessa del primo incontro, ma stavolta è condivisa col pubblico, alla stregua di una confessione, come un pensiero intimo dischiuso alla collettività.

Nell'inversione temporale affidata alle due proiezioni, il ritratto del pianoforte in video, a colori, prende la scena, mentre il *close–up* del viso nel film in bianco e nero incarna l'alter ego degli interpreti che a quel piano si sono alternati, negli anni, dandogli voce. Non si tratta della celebrazione di uno dei più grandi compositori viventi, bensì della complessità di un momento presente fatto di storia, della molteplicità dei piani temporali che l'arte è in grado di riprodurre, attraverso emozioni sovrapposte e stratificate.

La musica che gli spettatori ascoltano, ancestrale, sacra, quasi mistica, resa unica dall'abbandono prolungato dello strumento, non è composta nello stile magistrale e riconoscibile di Michael Nyman. Le note quasi psichedeliche suonate sul vecchio Niendorf, illuminate da luci colorate riflesse sulla superficie del piano, non mirano a una documentazione fedele dell'improvvisazione ma ad aprire piuttosto un varco sul senso del tempo e sulla nostra capacità di scandagliare e ricomporre, a livello individuale, il valore stesso della memoria.

La collisione tra passato e presente si concretizza nella scelta dei movimenti di macchina e del piano sequenza, dell'assenza di montaggio e delle dissolvenze incrociate.

L'artista, compositore e interprete, diventa il nostro alter ego, l'alter ego di ogni spettatore che voglia intraprendere questo processo di coinvolgimento emotivo e di immedesimazione. Un tempo universale e insieme relativo, nella misura in cui il pubblico non solo si attiva nello scegliere quali proiezioni guardare e ascoltare, attuando un ulteriore montaggio tra le inquadrature e i suoni, ma ha soprattutto la possibilità di entrare all'interno di una dinamica percettiva personale e allo stesso tempo assoluta.

Il buio della sala, così come il nero che avvolge i miei lavori, ha proprio questa funzione. Penso infatti che l'oscurità, illuminata solo dai riverberi delle proiezioni, permetta un rapporto diverso con il tempo, di maggiore intimità, e allo stesso modo una maggiore consapevolezza del soggetto, un rapporto più stretto con l'inconscio, da cui è possibile, con un'operazione maieutica, far emergere la propria visione delle cose.

Per Daniel Birnbaum "non esiste la cronologia, ma solo problemi cronologici, ed essi sono connessi non solo alla questione della temporalità in quanto tale e ai diversi modi con cui noi ci relazioniamo al tempo, ma anche alla questione di cosa significhi essere un soggetto".

Ebbene, questa ricerca non indaga solo la relazione tra soggetto e tempo, ma, attraverso la lente della memoria, la questione fondamentale della coscienza della propria esistenza.

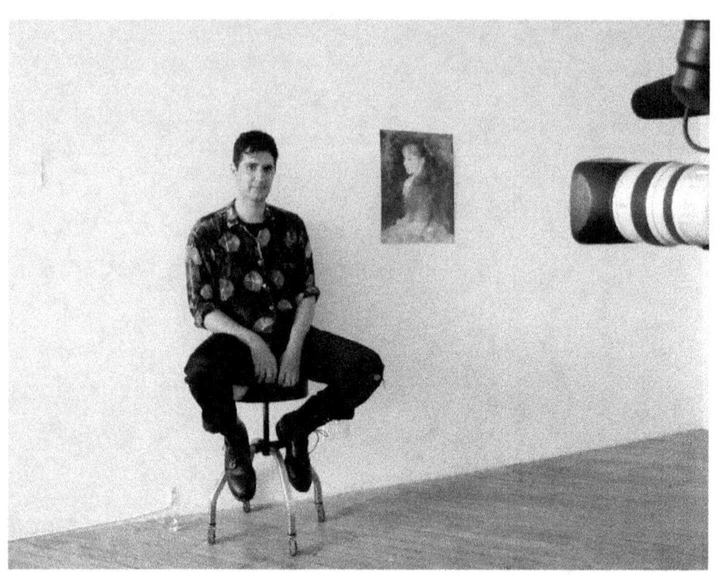

Desiderio

Non ho mai realizzato documentari. Non è un tema astratto e lontano a dettarmi la via. Parto sempre, in maniera istintiva, da un'esigenza di approfondimento personale. Sono poi gli incontri con le persone che interpello a indicarmi la strada da seguire. Pongo delle domande e metto in relazione le risposte. La mia idea di arte è una proposta che resta aperta.

Nel 2010, una volta approdato a New York, ho iniziato a sentire la mancanza dei miei affetti più cari. Mi mancava la quotidianità della vita di coppia. Mi interrogavo su come fosse possibile, in una relazione a distanza, accrescere la consapevolezza della propria unione.

"Non c'è essenza senza 'co–essenza' e non c'è esistenza senza co–esistenza." In questo modo Jean–Luc Nancy ha sintetizzato e riproposto la questione del senso dell'essere nel punto di incontro tra gli esistenti, nel nostro essere originariamente gli uni con gli altri. Elaborando una nuova ontologia dell'essere che è, al tempo stesso, singolarmente plurale e pluralmente singolare. Non sussiste presenza che non sia condivisa, non vi è un soggetto che non sia un noi, un "in sé" che non sia con altri, nella simultaneità e concomitanza dell'esistere. Le riflessioni del filosofo francese sull'essere singolare–plurale si sono intrecciate in quegli anni alle mie osservazioni sull'esperienza amorosa, dell'essere–con che rappresenta il vero "prendersi cura" dell'altro, luogo in cui si dà l'essere singolare–plurale di ogni esistente, e a quelle inerenti il concetto di comunità, che è un essere in comune, essere l'uno con l'altro, ovvero essere insieme.

A partire da queste premesse ho deciso di scrivere e distribuire una serie di volantini per conoscere giovani coppie di innamorati da intervistare, proprio nel quartiere dove abitavo, nella zona est di Brooklyn, che all'epoca viveva un consistente processo di gentrificazione.

Nasce così, nel 2011, *Lover's Discourse*, una videoinstallazione a due canali in cui un numero eterogeneo di partecipanti, per etnia, età e sesso, dialogano sul rapporto tra identità individuale e di coppia, all'interno della comunità LGBT e non solo, di Williamsburg.

Il titolo dell'opera si ispira ai *Frammenti di un discorso amoroso* di Roland Barthes, un saggio anomalo sul vocabolario dell'innamoramento che, in questo caso, rappresenta un riferimento metodologico, una dichiarazione di intenti. Quello che mi colpiva di quel libro, infatti, era proprio che fosse redatto in maniera volutamente asistematica, con una concatenazione di lemmi di lunghezza variabile, tra introspezioni psicoanalitiche, citazioni dalla filosofia classica e dalla letteratura romantica, oltre a conversazioni, ricordi intimi e note autobiografiche.

Un miscuglio di elementi eterogenei che tracciano una personale semiologia dell'amore.

Il mio obiettivo è stato quello di enfatizzare l'entropia del modello di partenza per esplorare cambiamenti, sfide ed esperienze che costituiscono l'identità dell'essere coppia, al fine di indagare l'importanza fondamentale della reciprocità e dell'interscambio con l'Altro, sempre attraverso un rapporto sincero con ognuno dei partecipanti.

Diverse sono le coppie di innamorati che, su base volontaria, hanno risposto all'annuncio affisso nelle bacheche di bar, club, lavanderie a gettoni e ristoranti del quartiere. Di solito ci incontravamo nello stesso posto dove avevano letto la mia inserzione. A spingerli era la curiosità di capire meglio quali fossero le mie intenzioni, per poi affrontare, attraverso la creazione di un rapporto fondato su familiarità e fiducia, un processo di autoanalisi condivisa. Dopo una lunga frequentazione venivano invitati nel mio studio, uno alla volta. Al terzo piano di un edificio industriale su Metropolitan Avenue, che ospita l'International Studio & Curatorial Program, ho messo in scena il processo stesso di produzione di questo nuovo lavoro, trasformando il mio spazio privato in un set essenziale, tracciato da uno sgabello girevole e da un faro cinematografico.

Sebbene abbia optato per riprendere la conversazione con un innamorato soltanto, a rotazione, il sistema di relazioni innescato si è esteso, in realtà, a tutte le persone coinvolte e in ultima analisi rimanda allo spettatore stesso, che diviene il diaframma tra l'affermazione di una radicale soggettività e il mondo, mentre il contenuto dell'immagine si trasforma nel processo stesso della sua rappresentazione.

La trascrizione di ogni dialogo è la base, il canovaccio per ricomporre un discorso corale. Nel processo di riscrittura drammaturgica parto sempre dalle parole e dalle visioni che esse evocano. Il montaggio è il mezzo attraverso cui compiere delle scelte. Una di queste può essere quella di legare una storia a un'altra realizzando, per esempio, un campo–controcampo che nella realtà non è mai avvenuto. Il cuore della regia avviene in fase di montaggio, tanto che nessun altro eccetto me può finalizzare i miei lavori. È una scelta che intendo come un'assunzione di responsabilità.

Addentrandosi nel labirinto di sguardi che compongono e scompongono le relazioni di queste giovani coppie, lo spettatore rivive un'esperienza di formazione. Prendendo posizione all'interno dell'installazione, soffermandosi sull'una o sull'altra storia, può decidere di confrontarsi in modo mirato con alcuni temi piuttosto che con altri, in base alle proprie vicende biografiche. Una costante nella mia ricerca è proprio questa sovrapposizione di sguardi che porta alla costruzione identitaria di un soggetto.

Specchiandoci negli altri assumiamo diverse sembianze, producendo nuove corrispondenze, evidenziando mancanze e realizzando conoscenza.

Come ha commentato una ragazza dopo aver partecipato a uno degli incontri aperti al pubblico, in cui la conversazione con un innamorato veniva condivisa con la collettività, "parlare di amore è per molti un tabù, e invece stasera è come se fossimo riusciti ad aprire un grande ombrello sotto il quale in parecchi hanno deciso di stare".

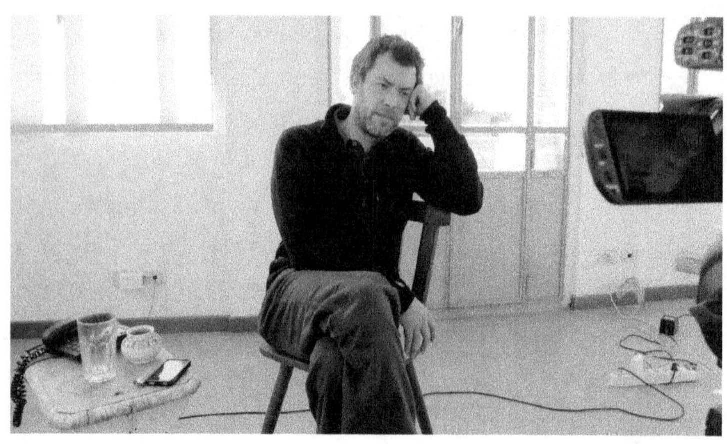

Ricerca

Di ritorno in Italia ho sentito il bisogno di indagare la condizione stessa dell'artista in residenza, per comprendere meglio la relazione con le istituzioni culturali, gli studi, i territori e le città che, nel corso del tempo, mi hanno ospitato.

The Reverse Grand Tour è un ambizioso progetto del 2012, realizzato lungo l'arco di un anno grazie a una residenza itinerante in alcune delle più prestigiose accademie straniere di Roma. Un'esperienza mai avvenuta prima, concepita proprio per osservare dall'interno un sistema formativo e culturale unico al mondo e, allo stesso tempo, analizzare l'evoluzione e la natura attuale del Grand Tour, attraverso la relazione degli artisti stranieri con la città.

Proprio lì dove è nato questo modello, tanto in voga adesso e spesso abusato dalle logiche di marketing e di promozione culturale, ho deciso di fermarmi per rimettere in discussione il senso stesso della produzione artistica, attraverso un confronto a quattr'occhi con artisti di diversa formazione e provenienza. Un Grand Tour al contrario perché realizzato da un artista italiano sconfinando tra un paese e un altro, pur rimanendo all'interno degli stessi confini urbani.

Al termine di questo viaggio, una nuova videoinstallazione ha raccolto, alla Galleria Nazionale d'Arte Moderna e Contemporanea, i ritratti degli artisti che raccontano il proprio punto di vista, ognuno nella sua lingua nativa, assieme a una serie fotografica con le vedute degli interni degli studi in cui viene rovesciato il concetto tradizionale di camera con vista. Fotografie in cui non si ammirano più i panorami e le rovine, bensì il dietro le quinte della creazione: una prospettiva ribaltata per riflettere sull'immaginario e sul ruolo dell'artista nella società dei nostri giorni.

La scelta di presentare questo lavoro all'interno del museo in relazione ad alcune opere storiche legate al Grand Tour e agli autoritratti e ritratti degli artisti del XIX e XX secolo, ha posto la questione dell'attualità del concetto di accademia e, insieme, della relazione tra la capitale e gli artisti internazionali che la visitano e la vivono per tradizione, ogni anno, da secoli. Un paesaggio mobile che vive nella stratificazione della Storia, ma si concretizza, grazie all'esperienza diretta, in un attraversamento costante di luoghi ancorati sì alla tradizione eppure vividi e densi di verità perché abitati ora da nuove generazioni di uomini e donne che ne hanno ridelineato la fisionomia. Un paesaggio umano che si propone di rinegoziare il rapporto artista–società attraverso uno scambio etico tra chi l'arte la produce e chi ne fruisce o ne fruirà in futuro.

Rispetto all'estetica relazionale credo che il salto stia proprio nel coinvolgimento empatico dei diversi partecipanti e nella definizione di uno scenario fluido per cui l'artista è presente grazie al desiderio esplicito di intervenire concretamente nella realtà, attivando un dispositivo che sintonizzi i singoli dettagli dell'opera con il contesto in cui essa viene creata.

Ricordo che un giorno un'artista tedesca mi confidò di cercare un passaggio nel muro per tornare a casa senza dover circumnavigare il parco di Villa Massimo. Immaginava di realizzare uno spiraglio per dialogare con gli abitanti del quartiere, che percepivano quello spazio privato come territorio straniero.

Ogni giorno, in movimento attraverso la città, ho cercato di mettere in pratica un'idea di accademia transnazionale, avviando una modalità di dialogo diffuso su più livelli. In quest'ottica, le *Promenades*, una serie di passeggiate in cui artisti con diversi approcci e competenze si sono ritrovati a condividere la propria esperienza, *vis-à-vis*, nel parco di Villa Borghese, hanno rappresentato un'importante occasione per un confronto trasversale, da cui sono emerse proposte valide e articolate per rinnovare il sistema. La scelta di lavorare all'interno delle istituzioni e non all'esterno ha proprio il compito di responsabilizzare i luoghi deputati a ospitare e soprattutto incentivare lo scambio tra le diverse discipline.

Pur spostandomi soltanto da una zona all'altra di Roma, è come se avessi attraversato nazioni e sistemi distanti, in un viaggio senza soluzione di continuità. Ho avuto l'opportunità di confrontarmi con politiche culturali di ampio respiro e ogni volta il mio tentativo è stato quello di adattarmi il più possibile alle regole e alle consuetudini proprie di ogni realtà.

Nonostante in ogni accademia avessi a disposizione uno spazio dedicato, è proprio attraverso il desiderio di partecipazione degli artisti che mi è stato permesso di entrare e lavorare, di volta in volta, nei loro studi, in condizioni sempre delicate, in bilico tra le relazioni individuali e i rapporti con l'intera comunità. Spostarsi di continuo da un posto all'altro implica inevitabilmente una perdita, un sentimento di nostalgia e spaesamento che mi premeva testimoniare. Ripensando al concetto di comunità come *munus*, ho sentito il dovere di mettere in discussione il sistema, mostrandone debolezze e virtù. Per quanto ogni accademia sia regolata al proprio interno da equilibri piuttosto definiti, è emerso chiaramente che nel viaggio in sé, nei valichi e negli attraversamenti, la moltitudine viene a perdersi e il concetto di comunità si sfalda. L'obiettivo del lavoro è stato proprio quello di tentare di ricomporre questa "unità di molti" che esiste nella realtà solo per frammenti.

È una questione di inclusione: rispetto al momento storico in cui viviamo non possiamo che essere presenti. Presente ognuno a suo modo, attraverso un inevitabile e soggettivo processo di riconnessione con la realtà. Considero oggi la presenza quasi come un dovere per gli artisti, tanto più per quelli più giovani, che corrono il rischio di chiudersi all'interno di un sistema che ha poco da condividere con il sentire comune. Non mi riferisco alla corrispondenza tra arte e vita, ma piuttosto alla necessità di ricollegarsi in modo autentico a sé e agli altri. Spostando l'attenzione dall'opera d'arte al ruolo dell'artista nel processo di evoluzione della società, è chiaro che l'artista può divenire un interlocutore centrale nelle dinamiche comunitarie solo grazie a un confronto denso e duraturo sia sul piano individuale che su quello collettivo. Proprio per questo motivo ho sentito la necessità di confrontarmi con altri artisti, per osservare e mettere in discussione il sistema dall'interno, in prima persona.

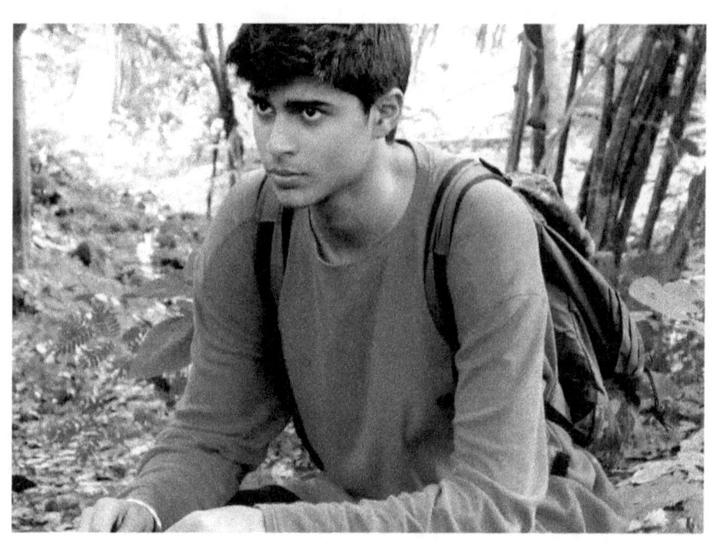

Educazione

Cosa significa educare se non progettare la propria esistenza, costruire un sé nella reciprocità con l'altro, nella proiezione di se stessi nello spazio e nelle variabili che ci circondano.

Parafrasando "il potere non è una cosa ma una relazione" di Michel Foucault, possiamo intendere l'educazione non come una somma di contenuti ma come l'interazione tra due o più soggetti con ruoli distinti. Definendo dunque la diffusione di conoscenza all'interno della scuola come un dialogo tra individui differenti, che modello alternativo possiamo proporre?

L'educazione porta con sé il peso della disciplina e del controllo e, al contempo, la ricchezza della relazione. Una relazione che è anche relazione di potere, tra gli alunni e tra alunni e insegnanti. È scambio, empatia, dialogo. È conflittualità. È relazione con lo spazio, quello esplicito e immediatamente evidente dell'aula, ma anche quello scomodo e sfuggente degli interstizi, dei corridoi, dei bagni, del cortile, luoghi in cui il processo cognitivo ed emozionale non si arresta, bensì si rafforza e intensifica in dinamiche non convenzionali di interazione e apprendimento. Ed è proprio su quest'area di mezzo che ho concentrato la mia attenzione.

Quale Educazione per Marte? è una videoinstallazione a tre canali realizzata in Italia, Cuba e India, tra il 2011 e il 2013, come tentativo di sperimentare un modello alternativo di trasmissione di conoscenza e di rapporti all'interno della scuola. Attraverso un modello laboratoriale che indaga il sistema scolastico contemporaneo ho deciso di focalizzarmi sulle relazioni tra studenti e insegnanti, e tra studenti stessi, in istituti d'arte internazionali, dove mi sono ritrovato a insegnare.

Così come il filosofo della scienza Bruno Latour, nel suo libro *La vie de laboratoire* (1979) aveva analizzato una serie di scoperte scientifiche attraverso lo studio delle relazioni degli scienziati tra di loro e con le loro famiglie e i loro amici, *Quale Educazione per Marte?* scandaglia i rapporti tra alunni di scuole diverse per struttura e tradizione.

Nel corso dei workshop gli studenti hanno discusso, in seduta intima e informale, i meccanismi alla base delle relazioni che intercorrono nella scuola e hanno raccolto storie a partire dall'analisi dei luoghi che le attraversano. L'obiettivo era proprio quello di attivare, attraverso interviste individuali riprese con medesime inquadrature e luci, un gioco di specchi capace di riflettere la molteplicità dei rapporti alla base della formazione sentimentale e gnoseologica degli alunni stessi. Attraverso il loro coinvolgimento nelle varie fasi della produzione è venuta ad articolarsi una riflessione sulla percezione della relazione e sui modi possibili di cambiarla, per scardinarne gli aspetti scontati a favore di una nuova consapevolezza della natura dell'esistenza e di nuove priorità educative. Trasformazioni necessarie nel sistema pubblico del nostro Paese, all'interno di un'istituzione segnata da una profonda crisi e da un forte senso di decadenza.

Se da una parte il mio intervento si pone come un occhio esterno che osserva, dall'altra si immedesima nel contesto specifico per esserne accolto. Non avrei mai potuto, con ognuno di quei ragazzi, fissare la videocamera sul cavalletto e subito dopo registrare il loro intervento. Instaurare un rapporto autentico è fondamentale perché le persone si aprano, anche se non avviene mai alla stessa maniera. Con gli studenti del Liceo artistico Giorgio De Chirico di Roma non è stato così semplice. Andavo a scuola ogni giorno, mi sedevo al banco, ascoltavo. Chiedere a quei ragazzi di provare a immaginare una scuola migliore poteva sembrare, ai loro occhi, la richiesta di un alieno. Gli stessi professori mi percepivano come un corpo estraneo. Diversamente a Cuba, dove in occasione della Oncena Bienal de La Habana ho avuto la possibilità di continuare questa ricerca con gli studenti dell'ISA Instituto Superior de Arte, la situazione socio-economica legata all'*embargo* ha generato curiosità nei miei confronti e un sincero interesse rispetto a quel che in generale proviene dall'esterno. In quel caso la mia presenza è stata accolta con entusiasmo, al punto da ribaltare i ruoli. Ero lì per ascoltare e mi sono trovato nella situazione opposta, in cui erano gli studenti stessi a voler comprendere perché desiderassi ascoltare le loro storie.

A Cuba il sistema educativo è fondato sull'insegnamento di José Martí, sull'unione di *trabajo manual y trabajo intelectual*: pratica e teoria. Ne consegue la necessità di evitare la separazione tra il luogo della formazione e il luogo della produzione culturale. Confrontando le due esperienze, quella romana e quella cubana, la differenza più grande sta proprio nel rapporto con i docenti. Mentre gli studenti italiani reclamavano la necessità di un confronto maggiore con i loro insegnanti, denunciando il distacco generazionale quale causa della mancanza di dialogo, quelli cubani hanno mostrato come la qualità della relazione con i propri docenti rappresentasse un punto di forza, grazie a un concreto processo di conoscenza reciproca. Lì maestri e allievi, artisti affermati e giovani studenti d'arte, condividono lo stesso atelier, senza soluzione di continuità tra chi insegna e chi impara.

L'ultima tappa di questo ciclo ha preso forma alla Valley School, una scuola nella foresta fondata dal filosofo Jiddu Krishnamurti non lontano da Bangalore, dove idealmente si conclude e si riapre questa riflessione condivisa. Camminando ogni giorno tra gli alberi, con i ragazzi ci siamo interrogati sul valore del fallimento all'interno del processo educativo.

Il mio lavoro non è dichiaratamente politico, e forse neanche la parola sociale è adatta a definirlo, anche se si caratterizza per una forte componente etica. Negli anni trascorsi a teatro ho interiorizzato che l'opera è sempre un lavoro di squadra e, anche quando è terminata, continua a vivere e ad assumere le scelte di chi la fruisce. D'altra parte, nella mia visione, l'artista ha la precisa responsabilità di creare una connessione con il mondo reale, non solo attraverso quello che racconta.

In questo modo la trilogia ha creato un corto circuito tra i dialoghi con ognuno degli studenti coinvolti, permettendo ai tre poli dell'opera –artista, partecipante, fruitore– di entrare in contatto diretto, per immaginare e proporre scenari personali, universali, alternativi.

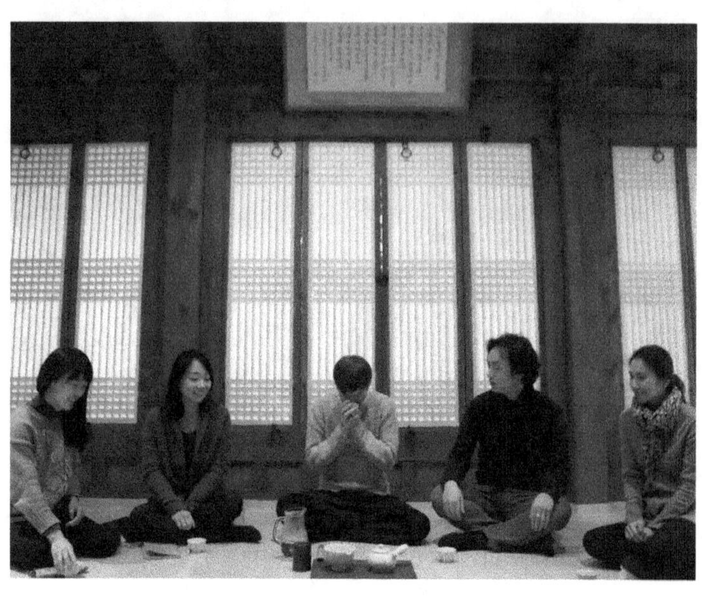

Tradizione

Ogni viaggio diventa un percorso, un progetto di indagine sociale e concettuale, un'opportunità per esplorare la relazione tra luoghi, sguardi, esperienze e prospettive.

Grazie a una International Artist Fellowship promossa dal MMCA National Museum of Modern and Contemporary Art Korea, nel 2014 mi sono trasferito a Seoul, metropoli a cui sono particolarmente legato per il forte contrasto tra innovazione e tradizione che la caratterizza, così come per l'accoglienza che mi è stata dedicata. Per queste ragioni ci sono tornato diverse volte, per occasioni espositive, talk e seminari presso le università locali, sempre sotto la spinta di approfondire i modi in cui arte ed educazione possono incontrarsi e produrre contenuti.

Nonostante fossi abituato a viaggiare, è stata la prima volta in cui vivevo in Estremo Oriente per un lungo periodo di tempo. È stata un'esperienza diversa rispetto ai viaggi da turista. Vivere in un paese denso di contraddizioni come la Corea mi ha portato a cercare, nella quotidianità, una connessione con gli altri che non poteva passare attraverso la lingua, dato che non parlo coreano.

All'inizio mi scontravo con questa barriera, forse proprio per il background in drammaturgia, per l'importanza che ricoprono le parole e il linguaggio nella pratica della relazione. Nonostante i curatori e gli studenti con cui avevo a che fare parlassero inglese, con accento americano impeccabile, al di fuori dei luoghi deputati, oltre il campus universitario e il museo, non avevo modo di confrontarmi con gli estranei. Da qui ricordo che nasceva e cresceva in me una forte frustrazione, dovuta all'impossibilità di comprendere chi incontravo.

Anche solo andare al supermercato e spostarsi da un quartiere a un altro è piuttosto difficile in una città come Seoul. Non riuscivo ad adattarmi, a integrarmi. Finché ho iniziato a frequentare la comunità di Hwagyesa, nata attorno al tempio buddista fondato a ridosso della montagna di Bukhansan, nell'area settentrionale della città. Lì ho compreso che, probabilmente, il modo migliore per avvicinarsi a un estraneo ed entrare in contatto con quella società sarebbe stato, più che per mezzo della parola, attraverso modalità legate alle abitudini e tradizioni locali, come la meditazione, il silenzio, l'osservazione e la contemplazione.

Da questa esperienza è nata la ricerca per una nuova opera, *Darye*, a metà tra un workshop e una performance, un dialogo intimo e allo stesso tempo un incontro aperto al pubblico, in cui tutti potevano partecipare. Per quest'occasione ho invitato un eterogeneo gruppo di artisti coreani, che si esprimono con approcci differenti tra teatro, musica e arti visive, a bere un tè assieme in un *hanok* all'interno dell'Art Sonje Center, una casa tradizionale di legno costruita, nel XIV secolo, nel cortile di quello che oggi è uno dei centri d'arte contemporanea tra i più attivi a livello internazionale.

Da questa occasione è emerso un flusso di pensieri, confessioni e ipotesi intorno al ruolo dell'artista nella società contemporanea e al rapporto di ciascun partecipante con le tradizioni e le istituzioni.

Il titolo dell'opera fa riferimento a una forma tradizionale di cerimonia del tè che è stata praticata in Corea per oltre mille anni e il cui elemento principale è la naturalezza nel gustare il tè in un ambiente informale. Questo tipo di cerimonie vengono ripristinate, nella vita frenetica coreana, allo scopo di ritrovare relax e armonia.

Con questo lavoro ho riattivato una pratica fondata sul desiderio di confronto con comunità e territori lontani, indagando un reciproco senso di appartenenza attraverso l'esperienza di prima mano. In particolare mi interessava approfondire le modalità attraverso cui le giovani generazioni di artisti riflettono sull'influenza della tradizione locale all'interno della propria ricerca. Significativa la testimonianza di uno di loro che ha descritto la convivenza, nel processo creativo, di una sensazione di smarrimento con una certa libertà nella produzione di nuove composizioni, come conseguenza del fatto che tutti gli strumenti dell'opera e del teatro coreano siano stati distrutti in seguito all'occupazione giapponese.

In ambito accademico poi, la suddivisione tra studi legati all'arte classica orientale e a quella moderna occidentale, ha creato una dicotomia indissolubile tra chi sceglie di attingere al passato e chi si proietta in avanti, attraverso una presa di posizione che ha a che fare con le radici non solo estetiche ma anche geopolitiche dell'arte.

La conversazione avveniva sempre con una persona alla volta, per quanto la presenza del pubblico palesasse l'intenzione di coinvolgere la collettività all'interno di un nuovo esperimento ispirato allo studio delle dinamiche di gruppo e all'identità delle comunità, quelle geografico-culturali e quelle legate al sistema dell'arte. Esplorando codici condivisi, specchio e origine di vecchi e nuovi immaginari collettivi, sono emerse traiettorie distanti, attitudini personali e politiche a più ampio raggio che utilizzano le tradizioni e le arti contemporanee per catturare l'attenzione di fruitori internazionali. Basti pensare alla diffusione del cinema coreano o alla musica K–Pop, le cui hit nascevano come riscrittura di canzoni popolari occidentali e oggi occupano i primi posti in classifica a livello mondiale.

È proprio sulle radici culturali del binomio Oriente–Occidente che si gioca una delle partite più importanti nel processo di rinnovamento della società contemporanea, costantemente in bilico tra spiritualità e materialismo, collettivismo e individualismo.

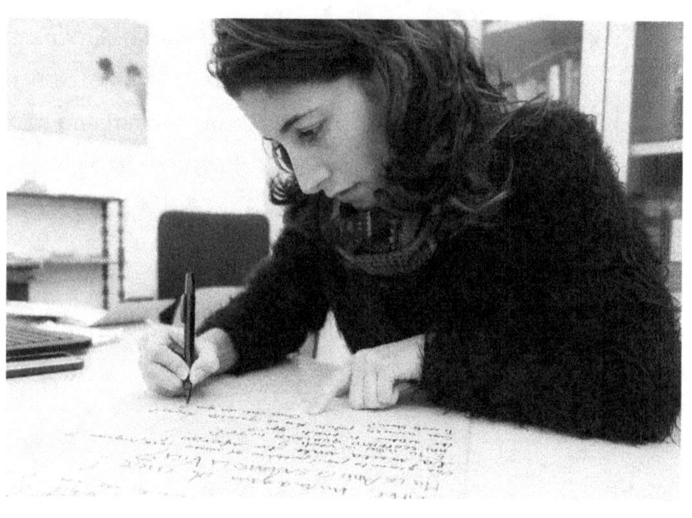

Urgenza

Sono convinto che non vi sia una netta divisione tra arte ed educazione, anche se mi rendo conto che spesso, nella pratica, le cose vadano diversamente. Questo rapporto è continuamente messo a repentaglio, dentro e fuori dal sistema, e credo il problema stia proprio nella distanza tra chi crea, chi cura e chi educa.

Se l'arte è una possibilità per rinnovare le relazioni, i musei sono i luoghi deputati a questa trasformazione, a partire dalla responsabilità di ognuno nei confronti del patrimonio pubblico. E in ogni museo, chi ha maggiore contatto con la realtà esterna se non i dipartimenti educativi incaricati di gestire la formazione di bambini e adulti?

Nel 2016, questa urgenza ha dato vita a *Osmosis*, un'opera costruita per sondare e ridefinire senso e appartenenza tra pubblico e arte contemporanea, in un lungo viaggio di ricognizione attraverso il territorio italiano, dal Castello di Rivoli al Centro Pecci di Prato, dalla Galleria civica di Modena alla GAM di Torino, GAMeC di Bergamo, Madre di Napoli, MAMbo di Bologna, Mart di Rovereto, Galleria Nazionale d'Arte Moderna e Contemporanea, MAXXI, MACRO di Roma, Museion di Bolzano, Museo del Novecento e PAC di Milano, dal Museo Marino Marini di Firenze fino al MUSMA di Matera.

Mettendo al centro del processo di costruzione del lavoro proprio la base della sfera educativa intendevo sottolineare la necessità di capovolgere i termini di valutazione dell'esperienza di fruizione, perché la partecipazione non venisse valutata in termini esclusivamente quantitativi ma innanzitutto qualitativi.

Una ricerca che ha coinvolto una moltitudine di persone, senza mai rinunciare al modello dell'incontro su base individuale, declinato attraverso varie fasi. In prima istanza ho fatto una indagine sul campo visitando ciascuna sede museale per dialogare con direttori, curatori, responsabili e mediatori dei dipartimenti educazione. Queste visite hanno sostanziato un vero e proprio percorso di formazione che mi ha permesso di mettere a fuoco le necessità e le urgenze da affrontare. In una seconda fase abbiamo individuato, assieme a ogni partecipante, una domanda che sintetizzasse le diverse questioni emerse nel territorio di riferimento. In ciascun museo, dopo aver compreso le peculiarità che caratterizzano la realtà di ogni istituzione, ho chiesto di immaginare e formulare una domanda da rivolgere poi al pubblico, sempre in un rapporto personale, attraverso la presenza di un educatore.

La stratificazione di queste domande, scritte a mano con diverse grafie su una grande tavola –che portavo in viaggio con me, a ogni tappa, come traccia dell'incontro e medium del lavoro– ha reso visibile la prima attivazione del processo di scambio all'interno della rete dei musei. L'opera si è completata poi con la possibilità per il pubblico di entrare in dialogo con questi quesiti, rispondendo, ognuno con la propria grafia, su cartoline che rievocavano, in formato ridotto, la tavola originale.

Uno dei fini ultimi della mia arte è quello di stimolare una cittadinanza attiva. Mi interessa utilizzare il museo come palestra per uno scambio tra i cittadini. In quest'ottica gli educatori delle istituzioni culturali coltivano l'esperienza di una relazione quotidiana con i fruitori, che ogni volta devono saper modulare, adattare e arricchire rispetto al contesto di riferimento. Per questo, invece di dare istruzioni uguali a tutti per un'attività pratica da svolgere a distanza, ho deciso di valorizzare le competenze di ciascuno invitando ogni educatore a mettere in campo la propria prospettiva per agevolare un confronto immediato con il pubblico.

Solitamente l'artista lavora con i curatori o i direttori di un museo. Solo in un secondo momento, e non sempre, entra in relazione con il dipartimento educazione. In questo caso era mia intenzione capovolgere la macchina, ridistribuire i ruoli e, perciò, curatori e direttori hanno partecipato all'elaborazione del progetto spogliati delle loro abituali funzioni, entrando come semplici interlocutori, in modo orizzontale, nel discorso che si delineava. Questo scarto è il vero cuore dell'opera, il desiderio di dare risalto alla funzione sociale del museo, al suo ruolo attivo all'interno del territorio. In questo modo si è realizzato anche un lavoro di rinegoziazione dei ruoli, intorno al quesito sulla responsabilità di artisti, educatori, curatori e pubblico.

Penso che il processo sia tanto importante quanto l'aspetto formale dell'opera d'arte, perché chi non ha potuto partecipare direttamente alla sua realizzazione possa coglierne comunque il significato. In questo caso, le risposte emerse dalle attività condotte dai singoli dipartimenti si sono sovrapposte ai dialoghi di chi le ha create. Allo stesso modo resteranno discorsi aperti ai quali potranno prendere parte coloro che ne fruiranno in futuro. Come una fisarmonica, con un doppio movimento, un gesto per aprire e uno per chiudere, la partecipazione si muove tra questi ingranaggi senza mai arrivare a far sentire i partecipanti strumentalizzati.

La partecipazione creativa funziona quando il visitatore fornisce contenuti per una componente dell'opera all'interno della struttura stabilita dall'artista. Se tutta l'arte invita all'interazione sociale, in questo tipo di partecipazione è il processo stesso a essere condiviso. Non si tratta di seguire istruzioni, ma di fornire, volontariamente, idee e prospettive, investendo tempo ed energie per la realizzazione di una ricerca che viene poi formalizzata attraverso le scelte e le competenze specifiche messe in atto dal suo autore.

La chiave del successo di questi progetti sta nella comprensione del contesto sociale di riferimento, dei bisogni e degli interessi delle parti coinvolte. Non si tratta di offrire un servizio alla collettività, ma di un'azione coordinata che assume il valore di una dichiarazione simbolica nel contesto culturale in cui ci muoviamo, all'interno di un dibattito diffuso e globale, dentro e fuori dal sistema di riferimento. Qui sta la differenza tra l'arte che agisce nel sociale e i servizi sociali che utilizzano l'arte.

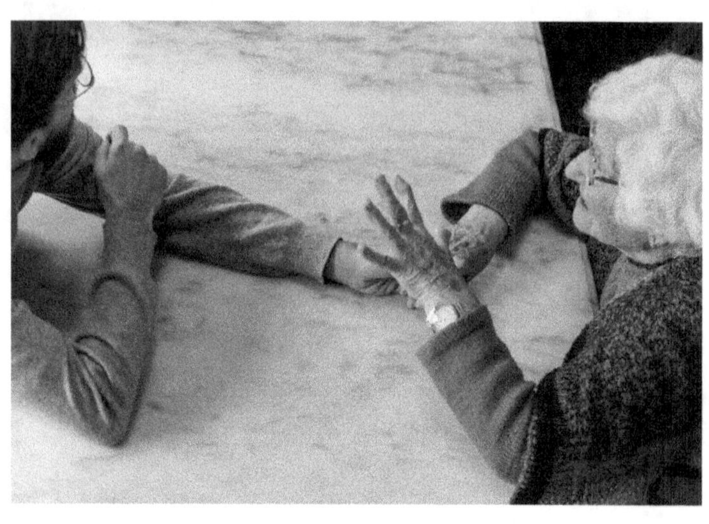

Comunità

Il concetto di identità è in stretta relazione con quello di comunità, nella misura in cui l'esperienza intima condivisa da un individuo diviene la chiave di accesso alla verità di un determinato gruppo sociale. In questo modo si attiva un movimento circolare, ed è proprio l'efficacia di questa interazione rituale che, responsabilizzando tutti i partecipanti alla valorizzazione delle relazioni, costituisce il vero collante del legame comunitario.

Fondamentale in questo senso l'equilibrio che si crea tra artista e comunità, in termini di apertura, trasparenza, interesse reciproco e comunicazione. È un processo di negoziazione delicato, tra dare–ricevere–ricambiare, che presuppone la condivisione di responsabilità tra le parti nella creazione di qualcosa di nuovo.

La componente temporale così come la partecipazione volontaria sono i due presupposti essenziali per instaurare una relazione significativa con l'altro. A prescindere che si tratti di un libro, di un film o di un'installazione, la mia metodologia di ricerca prevede una prima fase di raccolta di materiali sul campo e una seconda di riscrittura drammaturgica ed editing finale. Se in principio sono il più aperto possibile al confronto, in seguito l'obiettivo è di ricomporre la molteplicità dei punti di vista in un unico sguardo personale. Lo scambio corale con i diversi soggetti è importante tanto quanto la necessità di rendere accessibile il lavoro, nella sua sintesi formale, attraverso il filtro di una autorialità individuale. Lo spirito di reciprocità che caratterizza la fase processuale infatti è fondamentale anche nel momento dell'esposizione, in cui la collettività ha la possibilità di creare un nuovo dialogo, diretto e singolare, con ciascuno degli individui coinvolti nel corso della produzione. In questo modo, se si riesce a instaurare una relazione attiva tra artista, comunità partecipante e pubblico finale, l'opera d'arte può rispondere alla sua funzione di educazione radicale.

A partire da queste premesse, significativa è stata l'esperienza delle relazioni instaurate a livello locale in occasione di *Portami al Confine*, una videoinstallazione prodotta nel 2017 per il decennale del MUSMA Museo d'Arte Contemporanea di Matera e ora ospitata in modo permanente in una delle sale di Palazzo Pomarici. In essa, venticinque rifugiati, contadini, minori, operatori sociali e anziani si interrogano sulle possibili modalità per vivere assieme.

Rispetto al senso di comunità, quello che mi interessava indagare è il concetto di *capacity*, un termine inglese che si può tradurre con la potenzialità di contenere qualcosa di esterno. In questo caso l'ho interpretato con il grado di accoglienza. Quanto la comunità fosse in grado di tollerare l'altro: lo straniero, l'immigrato, il turista.

Per comunità non intendo solo i materani, ma mi riferisco alla comunità di pratica costituita dalle persone che si sono ritrovate attorno a questo progetto, provenendo anche da regioni limitrofe, con un obiettivo comune.

L'opera finale non è da intendere come una scadenza o un punto di arrivo, bensì come il frutto del tempo, delle collaborazioni stratificate e della continuità del lavoro nella regione. Primo passo per accendere la curiosità dei partecipanti è stata la distribuzione di un poster con una missiva dedicata alla città, per la quale mi sono ispirato alla *Lettera ai Materani* del 1978 dello scultore Pietro Consagra. I partecipanti ne portavano via uno in cambio della loro collaborazione. Poster che ancora oggi vedo affissi nelle case delle persone, sui muri accanto ai manifesti pubblicitari, negli uffici comunali, nelle scuole, in giro per Matera.

Trasformando il museo in uno spazio dedicato all'accoglienza –da non intendere come un gesto ma come un percorso di accompagnamento– ho pensato a una mostra che non fosse solo occasione espositiva ma anche di produzione, *incipit* per un laboratorio di formazione permanente nel territorio.

L'obiettivo della mia ricerca non consiste solo nel creare un'opera, ma nell'aprire uno spazio, attraverso la sua creazione, per porre delle questioni. In questo senso, l'idea di confine coincide con una possibilità, una valenza attrattiva in termini di relazioni che si possono allacciare tra gli individui. Il confine, dunque, non come linea che delimita, ma come spazio in cui ci ritrova a condividere un'esperienza. Ed è quello che succedeva durante i workshop attivati nelle sale del museo. Chiedevo ai partecipanti di esporsi interpretando la propria idea di confine, per confrontarsi con quella degli altri. C'è chi ha attribuito il concetto di confine alla vulnerabilità interiore e chi invece ne ha parlato in termini filosofici e politici. Li invitavo poi a mettere per iscritto la loro nuova idea di confine, che appariva inevitabilmente cambiata in seguito al confronto. Ciascuno la condivideva ad alta voce dando vita a una conversazione collettiva senza più alcuna linearità. Mi interessava spostare i limiti di ciascuno per spingerli ad assumere il punto di vista di un altro, che sentivano vicino o distante. Successivamente uscivamo dal contesto protetto del museo e scendevamo in strada. Ciascuno ha lavorato sul proprio confine, tentando di superarlo, cercando la propria chiave per oltrepassarlo. *Portami al Confine* rappresenta il tentativo di ogni partecipante di condurmi là dove si innesca la relazione con la collettività. I luoghi scelti da ognuno hanno delineato i punti di partenza in cui ho ambientato nuove conversazioni per la videoinstallazione finale.

Il processo rimane nascosto e palese allo stesso tempo. La tecnica col tempo si è affinata, eppure, ogni volta, io stesso spingo i confini della mia azione in nuove direzioni.

Solitamente coinvolgo solo le persone con le quali riesco a instaurare un buon dialogo, costruendo una relazione nel tempo. Pongo loro domande derivanti da un'attività laboratoriale condivisa. Dalle prime domande si generano risposte e riflessioni che poi trascrivo, tra le quali creo associazioni attraverso la pratica della riscrittura. Si delinea quindi una conversazione che non è mai reale perché, seppur avvenuta in un dialogo uno a uno, è rimessa in scena secondo un ordine differente che associa e discosta i punti di vista. Si genera così una nuova socialità: un ritratto collettivo, una scultura sociale a partire da punti di vista individuali che producono, assieme, una nuova interpretazione della comunità.

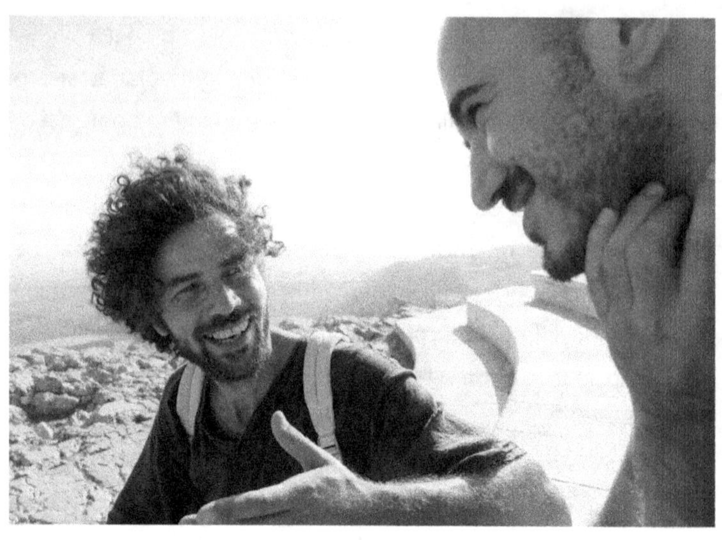

Resistenza

Ho sempre cercato di stabilire un rapporto peculiare a ogni incontro. I singoli scelgono di partecipare. È da qui che nascono le storie: dall'esigenza di essere ascoltati, anche da se stessi. Si potrebbe dire che l'opera genera un dispositivo di condivisione, a partire dal fatto che tu abbia qualcosa da dire e che scelga di dirlo proprio a me.

Il dovere di dire la verità resta oggi agli intellettuali e agli artisti. Un compito caratterizzato dalla scelta quotidiana di correre rischi. "Il pensatore che non assuma come riferimento il valore della verità nella lotta politica non può affrontare responsabilmente l'esperienza del vivere nella sua interezza", ci ricorda Edward Said.

Rispetto alla responsabilità di re–immaginare il mondo, la scommessa, a mio avviso, sta nell'individuazione di modalità alternative di relazione e, in particolare, nel poter disporre di ulteriori possibilità di scambio. Un rischio che nasce non solo se si attiva una relazione comunitaria, ma già quando si riesce a innescare un dialogo significativo con una sola persona. Come in una relazione d'amore, se non è reciproco non funziona.

L'incontro più emblematico in questo senso è stato quello con l'attore palestinese Saleh Bakri, che, nel 2019, ha portato alla realizzazione della videoinstallazione a due canali intitolata *Dialogue with the Unseen*. È ancora Said a scrivere: "In tempi oscuri avviene molto spesso che i cittadini di una nazione affidino il compito di rappresentare la propria sofferenza alla figura dell'intellettuale, che ne diviene testimone e portavoce". Nel mio caso, la questione fondamentale era quella di conciliare la mia identità, le caratteristiche della mia arte e visione della società con l'identità, la cultura e la storia palestinese, spesso rappresentate in modo retorico, ideologico e superficiale.

Ho conosciuto Saleh Bakri a Haifa, nell'estate del 2014, mentre a Gaza infieriva l'operazione Protective Edge. Non è stato semplice, al telefono o via mail, comprendere le intenzioni l'uno dell'altro. Eppure, quando mi ha invitato per un caffè sul suo terrazzo affacciato sul mare, le barriere si sono dissolte ed è nato un sodalizio di cui vado particolarmente orgoglioso ancora oggi, sia a livello umano che professionale. La figura di Saleh Bakri è emblematica non solo per i ruoli che ha scelto e interpretato sul grande schermo, ma anche per le posizioni assunte come intellettuale simbolo della nuova generazione palestinese a livello internazionale. Non era un attore ciò che cercavo, ma un individuo consapevole, in grado di mettersi a disposizione per ascoltare le urgenze della comunità locale.

Dopo una serie di incontri, conversazioni e confronti, abbiamo scritto a quattro mani una storia alternativa all'occupazione e alla guerra, con l'intenzione di dare visibilità a individui per lo più sconosciuti ai media tradizionali, eppure impegnati, quotidianamente, in atti di resistenza creativa. Quel che mi interessava infatti erano le strategie che i singoli attivano, a livello comunitario, per superare il trauma. Credo che questa sia poi la funzione dell'arte, spostare la prospettiva rispetto ai punti di vista a cui siamo abituati, per evitare di perpetuare uno schema che si ripete sempre senza evoluzioni.

Proprio a partire da quel contesto specifico il mio obiettivo era narrare una storia universale, perché tutti, al di là della propria origine, formazione e appartenenza religiosa, entrando all'interno dell'installazione, potessero porsi delle domande semplici, e profonde allo stesso tempo, sul senso del divino, della natura e della società.

Attraverso lo sguardo del DJ Eisa Khalifa, rivolto a Nazareth, al tramonto, dal Monte del Precipizio, e la voce concreta della poetessa Asmaa Azaizeh su quel che resta della vecchia Haifa, *Dialogue with the Unseen* esplora il senso di appartenenza e l'identità culturale di una comunità che resiste. Il silenzio sostituisce le voci in una delle due proiezioni della videoinstallazione. Saleh Bakri cammina lungo un sentiero nel deserto roccioso del Negev, attraversa il paesaggio lunare del cratere di Maktesh Ramon, e la scena, ripetuta in loop, si trasforma in un'immagine ipnotica, astratta e metafisica. Il pubblico è invitato a muoversi nello spazio, a immergersi in quel paesaggio e a confrontarsi con vedute differenti, che possano rimettere in discussione la propria considerazione del concetto di invisibilità.

Stando sul campo, di fronte alla complessità della situazione politica in Medio Oriente, ho compreso il senso profondo della parola resistenza, ovvero la volontà filosofica e politica d'implicarsi. Ho esercitato il mio ruolo, dunque, attraverso gli strumenti a disposizione, per trasformare quegli incontri in una lettura estetica del luogo e degli individui conosciuti nell'arco di cinque anni. Ispirandomi all'esperienza di Pasolini, il quale, durante i suoi *Sopralluoghi in Palestina per il Vangelo secondo Matteo*, ha riscontrato difficoltà nell'incontrare i volti arcaici e il paesaggio che immaginava di ritrovare in Israele, ho cercato di superare il limite dell'appiattimento visivo proprio delle dinamiche legate alla globalizzazione per narrare una realtà che non è più visibile con facilità.

Uno dei miei obiettivi, come artista, è attivare desiderio di relazione e capacità di azione, sperimentando modalità alternative a quelle che già conosciamo. Lo spazio delle relazioni è anche uno spazio di resistenza, nel quale si impongono possibilità che ci permettono di vedere le cose da un punto di vista inedito. Tuttavia, non credo che si possa raggiungere questo risultato se si intendono la partecipazione e la relazionalità come fattori esclusivamente interni alla pratica artistica. Il confronto, l'ascolto attivo e l'individuazione delle urgenze sono possibili dialogando vicendevolmente, uno di fronte all'altro. È una questione di responsabilità. Perché fai arte e cosa cerchi? Assieme all'esigenza di affrontare questa domanda sul piano individuale è diventato sempre più importante per me il ruolo della fiducia nelle relazioni. Questo vuol dire fare i conti con le diffidenze che inizialmente caratterizzano le dinamiche relazionali e, soprattutto, con la continua possibilità di rinegoziare, secondo diverse strategie, le proprie prospettive.

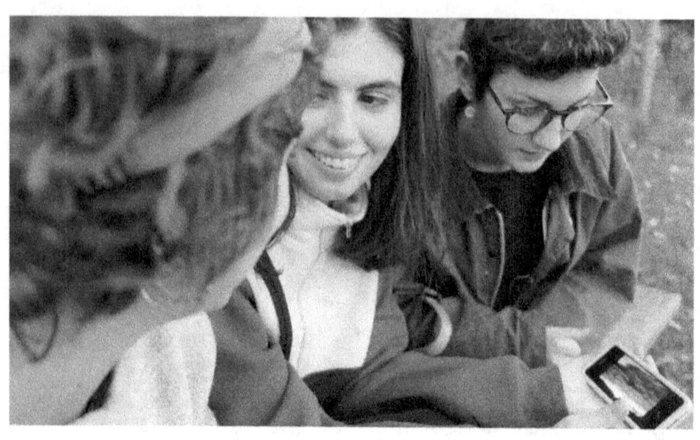

Immersione

In un'ipotetica linea del tempo, il primo semestre del 2020, nonostante gli effetti visibili e invisibili della pandemia COVID-19, resta una sezione minuscola all'interno del processo di trasformazione della società, rispetto alle cause legate al passato e alle soluzioni proiettate verso il futuro. Queste ultime non possono non prendere in considerazione il digitale come uno degli strumenti per riprogettare un mondo nuovo.

Questo cambiamento viene accelerato da un'emergenza planetaria che può attivare un percorso strategico per il ripensamento, non più rimandabile, dell'intero sistema di relazioni.

Nel caso della scuola, la didattica digitale deve inevitabilmente superare la classica lezione frontale. Non può esserne una versione depotenziata in cui i dispositivi elettronici dettano le regole. Tali strumenti vanno piegati piuttosto, attraverso competenze e metodologie solide, a esigenze e intuizioni che non sostituiscano la relazione personale ma la stimolino, in un dialogo virtuoso tra analogico e digitale. Se la questione del *digital divide* è emersa con maggiore evidenza in questo frangente, l'utilizzo degli smartphone da parte degli adolescenti ha portato a risultati migliori per partecipazione e impegno, proprio perché li ha messi nella condizione di esprimere in maniera più libera e spontanea emozioni e paure.

Come, ad esempio, nelle attività collaborative e nella didattica capovolta, in cui la distribuzione di materiali e il dialogo uno a uno è propedeutico a sessioni di dibattito da attivare poi in un incontro di gruppo, sincrono, *online*. In questo processo di formazione personalizzata è necessario ristabilire un confronto diretto, senza intermediari invisibili che controllano il diritto di accesso alle diverse piattaforme.

Se Internet è il sistema nervoso del XXI secolo, la nostra linfa vitale per l'istruzione, l'occupazione, la salute, la famiglia, l'impegno politico e civile, l'amore e la comunità, non possiamo cedere ai privati il controllo dei nostri dati e delle scelte di interazione con altri utenti. Il rispetto della *privacy* rimane fondamentale anche nell'ipotesi di un'ulteriore accelerazione digitale in cui l'intelligenza artificiale giochi un ruolo nel percorso di apprendimento di ogni individuo.

Nel 2018, in occasione dell'alternanza scuola lavoro attivata in collaborazione con alcuni licei artistici di Varese e del MAGA Fondazione Galleria d'Arte Moderna e Contemporanea di Gallarate, ho attivato un dispositivo intitolato *Mondi Paralleli*.

I partecipanti, tutti minorenni e nativi digitali, sono stati invitati a riflettere sulle trasformazioni delle proprie relazioni interpersonali attraverso l'utilizzo dei social media. Ognuno di loro ha creato un profilo alternativo a quello personale in cui è stato richiesto di interpretare un punto di vista diametralmente opposto rispetto alle proprie abitudini, allo scopo di capovolgere lo sguardo e guardare al mondo con occhi nuovi.

Attraverso una successione di incontri costellati da momenti di riflessione teorica e da esercizi di *storytelling*, ogni studente ha realizzato un profilo fittizio, un alter ego rovesciato, inventato, che interagisce con gli altri e con la realtà, mediale e mediata, di chiunque sul web.

Con una campagna di affissioni in città e all'interno del museo, non ho fatto altro che amplificare e diffondere i contatti di questi profili, suggerendo, in modo concreto, un dialogo tra la quotidianità reale e quella digitale, un punto di contatto tra mondi paralleli.

Un esercizio di consapevolezza stimolato dalle riflessioni di Byung Chul Han che, in uno dei suoi volumi più significativi, *L'espulsione dell'Altro*, esplora la questione dell'ipercomunicazione e dei suoi paradossi intrinseci, di come il frastuono della comunicazione non ci renda meno soli e le relazioni siano sostituite dalle connessioni. "Nello spazio di risonanza digitale, in cui si ascolta parlare soprattutto se stessi, scompare sempre più la voce dell'Altro. A causa dell'assenza dell'Altro, il mondo ha oggi sempre meno natura di voce". E ancora, "senza la presenza dell'Altro la comunicazione si trasforma in uno scambio accelerato di informazioni; essa non stabilisce relazioni, ma solo connessioni. È una comunicazione priva del prossimo, priva di qualsivoglia vicinanza al prossimo. Ascoltare significa qualcosa di completamente diverso dallo scambiarsi informazioni, nell'ascolto non avviene anzi alcuno scambio in generale. Senza prossimità, senza ascolto non si forma alcuna comunità. Comunità è comunità dell'ascolto."

È ancora una volta dunque una questione di coscienza del nostro grado di immersione rispetto all'utilizzo delle nuove tecnologie, tra fisico e virtuale, tra potenziale ed effettivo, tra sperimentato e immaginato. Solo muovendoci tra l'uno e l'altro, avvicinandoci e distanziandoci al contempo, individualmente assieme, potremo comprendere e confermare la posizione che desideriamo assumere.

Epilogo

Se la verità è illimitata e incondizionata come una terra senza sentieri definiti, il mio tentativo è stato quello di tracciare alcune vie, percorse in prima persona. Nell'arco di un ventennio ho indagato e raccontato storie diverse, estratte da contesti comuni e poi ricomposte, come i tasselli di un mosaico, all'interno di un'immagine d'insieme.

Per il filosofo francese Jean–Luc Nancy "ciò che l'arte può trasmettere è una determinata formazione, configurazione o percezione di sé del mondo contemporaneo". La partecipazione e la conoscenza attraverso le immagini sono dunque allo stesso tempo uno strumento e un obiettivo di cui oggi dobbiamo tener conto.

Universale significa andare nello stesso verso, stare nella mente e nella pratica senza distinzione, e in tal senso la condivisione attraverso la fiducia, non solo dell'altro, ma anche nello stesso legame sociale, costituisce una delle chiavi centrali della mia ricerca.

È anacronistico continuare a operare in modo isolato all'interno del proprio studio o solo in contesti deputati, producendo opere che ottengono spesso il risultato di allontanare il pubblico. Credo che l'arte debba tornare ora a vibrare con la realtà, affinché si assottigli quel divario rispetto a chi è ancora convinto che quello di cui ci occupiamo sia un lusso.

Attraverso una riconfigurazione delle dinamiche di produzione ed esposizione, per mezzo di un approccio più empatico, autentico e umano, possiamo adesso, come artisti, fare la differenza. Se ci guardiamo negli occhi, e impariamo ad ascoltarci, uno alla volta.

M. Augé, *Per una antropologia della mobilità*, Jaca Book, Milano 2010.

R. Barthes, *Frammenti di un discorso amoroso*, Einaudi, Torino 1979.

Z. Bauman, *Individualmente insieme*, Edizioni Diabasis, Reggio Emilia 2008.

D. Birnbaum, *Cronologia*, Postmedia Books, Milano 2007.

N. Bourriaud, *Estetica relazionale*, Postmedia Books, Milano 2010.

M. Buber, *Between Man and Man*, Routledge, New York 2007.

A. P. Cohen, *The Symbolic Construction of Community*, Routledge, New York 1985.

J. Dewey, *Art as Experience*, Perigee Book, New York 1980.

G. Didi–Huberman, *Quando le immagini prendono posizione*, Mimesis Edizioni, Milano 2018.

M. Foucault, *Qu'est–ce que la critique?*, Libraire philosophique J. Vrin, Paris 2015.

B.–C. Han, *L'espulsione dell'Altro*, Nottetempo, Milano 2017.

M. Heidegger, *La poesia di Hölderlin*, Adelphi, Milano 1988.

R. Kassner, *I fondamenti della fisiognomica. Il carattere delle cose*, Neri Pozza Editore, Vicenza 1997.

J. Krishnamurti, *Education and the Significance of Life*, KFI, Chennai 1992.

B. Latour, *Laboratory Life: The Construction of Scientific Facts*, Princeton University Press, Princeton 1986.

J. Martí, *Escritos sobre Educación*, Editorial de Ciencias Sociales, L'Avana 1976.

J.–L. Nancy, *Essere singolare plurale*, Einaudi, Torino 2001.

P. P. Pasolini, *Lettere luterane*, Einaudi, Torino 1976.

J. Rancière, *Il maestro ignorante*, Mimesis Edizioni, Milano 2009.

E. Said, *Dire la verità. Gli intellettuali e il potere*, Feltrinelli, Milano 2014.

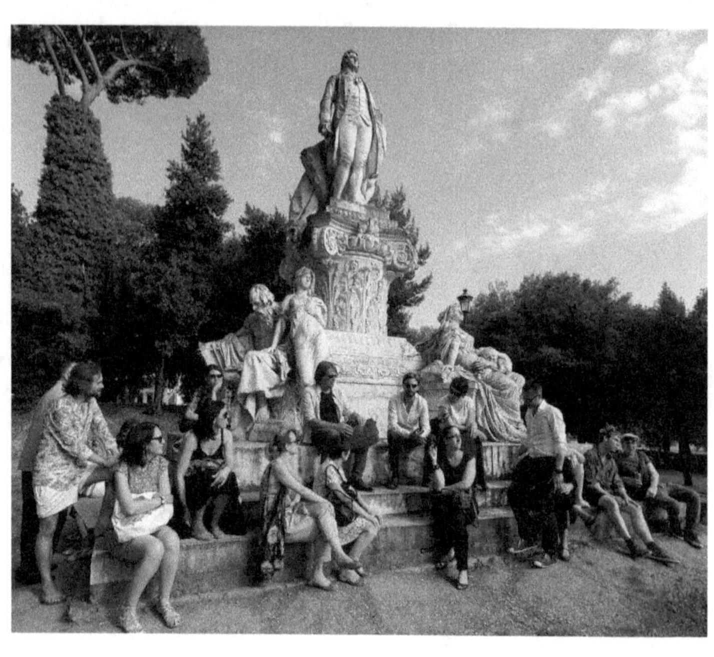

Valerio Rocco Orlando (Milano, 1978) è artista e docente di Drammaturgia multimediale all'Accademia di Brera. Assumendo l'arte come processo di analisi e conoscenza reciproca, la sua ricerca produce un discorso aperto, plurale e personale, sia dal punto di vista estetico che concettuale, esplorando l'osmosi tra istituzioni, musei, accademia e sfera sociale. Le sue opere annoverano collaborazioni con il filosofo Jean–Luc Nancy, il compositore Michael Nyman, gli artisti Gilbert & George, Ugo Rondinone e Liam Gillick, la cantante Amalia Grè, gli attori Saleh Bakri e Alba Rohrwacher, e lo psicoanalista Luigi Zoja. Nel 2009 vince il premio ISCP New York, nel 2011 una Civitella Ranieri Foundation Fellowship nella sezione Arti Visive e nel 2014 una International Artist Fellowship al MMCA National Museum of Modern and Contemporary Art Korea. Nel 2016 viene insignito del premio Fondazione VAF e il suo lavoro entra a far parte della collezione del MART Museo d'arte moderna e contemporanea di Trento e Rovereto. Altre collezioni includono il Centro de Arte Contemporáneo Wifredo Lam a L'Avana, la Fundação Calouste Gulbenkian a Lisbona, La Galleria Nazionale d'Arte Moderna e Contemporanea, il MACRO Museo d'Arte Contemporanea di Roma e la A. M. Qattan Foundation a Ramallah.

Uno alla volta
Comunità e partecipazione
di Valerio Rocco Orlando

postmedia books 2020
72 pp.
isbn 9788874902774

Questo è il decimo titolo della collana Sartoria editoriale.
Il saggio è la rielaborazione di alcuni testi già pubblicati e altri inediti
scritti dall'autore in risposta alle domande dei suoi studenti.
Le prime dieci copie sono realizzate artigianalmente nella sede
di Sartoria editoriale in Milano dove sono a disposizione del
pubblico, altre 490 copie sono state realizzate per i normali canali di
distribuzione.

Postmedia Srl
Milano
www.postmediabooks.it